Dedico este libro a

Pit

el ser humano que me enseñó cuán bello puede ser una hebra de pasto.

¿SOLA O SOLITARIA?

por

Ulrike Pfitzner

Nota: A fin de mantener la historia tal como es contada por la autora, se usará solo el género gramatical femenino.

Prólogo

¿Usted se suele preguntar con frecuencia si será capaz o no de hacer algo? ¿Cuándo dejará de estar sola? ¿Cuándo terminará, por fin, la soledad?

Muchas veces, la respuesta está muy cercana, y hace falta apenas un salto para que uno cambie su vida por completo.

La tenemos en nuestra mano, usted la tiene en su mano.

En este, mi primer tomo de "Sola o solitaria" deseo describirle cuán fácil es renovar uno su camino, de orientarse nuevamente.

Permita que yo le secuestre hacia mi mundo. Acompáñeme un poco por mi camino.

Me suelo preguntar una y otra vez, si estoy sola o solitaria.

Ya llevo muchos años dedicándome a pensar "¿cómo puedo llegar a ser más feliz?", "¿cómo puedo llegar a ser más conforme?". "¿Cómo encuentro mi paz interior?", "¿cómo logro volver a estar en armonía conmigo misma?".

Cuando miro mi niñez en retrospectiva, no me queda más que sonreír.

Desde el momento en que sabía escribir, comencé por llevar un diario. Cuando tomo en manos esos libros hoy en día, hay muchas partes en las que tengo que reírme. Pero en aquel entonces eran trágicas e incomprensibles. Me percaté que, por todo el tiempo comprendido, el tema casi siempre era uno mismo.

La búsqueda por amor, comprensión y la sensación de protección. La búsqueda por tener una vida en pareja. El miedo de estar sola.

No reconocía la diferencia entre soledad y estar a solas, que se puede tener la percepción de soledad pero que, sin embargo, nunca se está sola.

A los 20 vivía en un pequeño apartamento, de una habitación, con una pequeña cocina y un baño, en un bloque de apartamentos que quedaba junto a una muy transitada calle principal, frente a un gran centro comercial.

A fin de dejar entrar aire fresco a mi apartamento de vez en cuando, abría la ventana, me ponía mis audífonos, pues sin ellos casi no era posible hacerlo - tan grande era el ruido callejero - y observaba a las personas mientras entraban y salían del centro comercial. Era muy interesante. Algunas salían con muchas bolsas en manos, se paraban de golpe y volvían a desaparecer en el centro comercial: se les había olvidado algo. Otras se encontraban con amistades, se reían, dialogaban y, tras un rato, cada cual seguía su camino. Gente que reía, gente que lloraba. Chiquillos que lloraban porque no recibían lo que querían, chiquillos riéndose y así por el estilo.

Y así empecé a estudiar a la gente. Muchas veces, iba a la estación de trenes los domingos, me sentaba en algún lugar y comenzaba a observar a la gente, a estudiarlas, a aprender. Me di cuenta que toda esta gente no me notaba, no veía que la estudiaba, que aprendía de ella.

Veía tristeza, alegría, amor, furia. Me di cuenta que todas las personas y todas las nacionalidades son iguales en sus emociones. Los rastros en sus caras me contaban la historia de su vida.

Y entonces llegó a mi vida un ser humano del que luego me percaté que él era el mayor instructor en mi vida. Que él fue el ser humano que cambió mi vida por completo desde el momento en que me hizo una única pregunta. Hasta ese instante, yo no sabía cuál era el verdadero aspecto de una hebra de pasto.

Ahora usted se preguntará: - ¿Cómo que una hebra de pasto? Verde, delgada, larga, corta... ¡todo el mundo sabe eso! -

¿Usted está segura?

Esta respuesta fue también la que le di la primera vez que él me la preguntó, y también él me dijo: - ¿Tú estás segura? -

Y entonces, por primera vez en mi vida, observé realmente una hebra de pasto. Yo estaba deslumbrada. Hasta ese momento, yo no sabía cuántos matices de verde podía tener una hebra de pasto, ni todas las demás cosas que se podían ver en ella.

¿Usted también está dispuesta ahora a observar una hebra de pasto? Pues abra sus ojos y su corazón, y obsérvela.

Ahí mismo supe a qué se refería él con eso. Tuve que comenzar con las cosas más pequeñas, estudiarlas, aprender, comprender, para luego poder entender también las cosas más grandes.

Porque todo en tu vida se compone de muchas cosas pequeñas.

Una casa no está hecha de una piedra; son muchas piedras, y esas piedras están a su vez hechas de muchos pequeños componentes cada vez más pequeños.

Comencé a cambiar mi vida, la edifiqué desde cero, de muchos componentes pequeños.

Mi vida cambió por completo, conocí gente nueva. Veía el mundo de forma completamente diferente. Vi lo bello que era mi ambiente,

incluso la calle tan transitada frente a mi apartamento

y observaba con ojos totalmente diferentes a la gente que entraba y salía del centro comercial.

Mi vida se volvió cada vez más interesante. Me volví cada vez más ávida de saber. De esta forma, también determiné que no hay nada en la vida que uno no puede lograr.

Plantéese la pregunta: ¿cuántas veces usted ya se ha dicho - "No, yo no sé hacer eso"? -.

¿Y cuántas veces se vio obligada a hacer cosas porque no le quedaba de otra, solo para descubrir que sí podía?

¿A qué se debe que nosotros los seres humanos desarrollamos tal miedo de simplemente hacer las cosas antes de decir que no somos capaces de ello?

Un león tiene hambre y ve a una gacela. ¿Qué usted opina? ¿Él se preguntará primero si será capaz de atrapar y matar a la gacela, a fin de tener qué comer luego?

¡No! Él arranca, atrapa su gacela y la devora, se lame gustosamente las patas y se alegra de su vida.

Yo había llegado al punto de estar lista para comenzar a tachar la frase

"No, no puedo"

de mi vida y de formar una frase nueva para mi, a saber:

„NO EXISTE NADA QUE YO NO PUEDA LOGRAR"

Era una locura, trabajé en ocupaciones en las que jamás me hubiese podido imaginar que alguna vez iba a entender cómo funcionan. Trabajé en puestos donde jamás hubiera pensado que fuese capaz de hacerlo.

Conversé con otros sobre temas de los que no me daba cuenta que yo podría, de por sí, tener una opinión.

Mi vida cambió por completo. Y entendí que depende únicamente de mí lo que será de mi vida.

Que soy yo quien tiene en sus manos lo que será de mí, lo que veo, lo que puedo, lo que hago.

Que soy yo quien me hace triste, que soy yo la que puede causar felicidad, que soy yo la que decide si llorar de tanto reír o de tanto dolor.

Soy la pintora del lienzo de mi vida. Trazo mi camino con los colores que sean de mi gusto y decido sobre lo que soy capaz, y yo decidí que tengo capacidad para todo.

Ahora estaba consciente de que para mí no existe la soledad ni el estar sola. Habían ocurrido tantas cosas en mi vida de las que sabía que no podía procesar todo esto en mi vida actual.

¿Sola? ¡Jamás! Plantas, animales, gente desconocida, algo siempre estaba en la cercanía, aunque fuera yo misma.

Hubo y todavía hoy hay momentos en los que pienso que no puedo seguir adelante. Donde comienzo a dudar. Donde la voz baja de mis adentros dice que todo está mal.

¿¿¿Qué hacer en momentos así???

Y entonces vuelvo a recordar:

"NO EXISTE NADA QUE YO NO PUEDA LOGRAR"

Por tanto, también puedo determinar cómo me siento. Lo que quiero sentir.

Puedo cambiar yo misma mi situación. Está en mi mano. Cambio mi vida, mi situación y mis sentimientos.

Cuando me siento mal, me pongo a escuchar música de la que me pone de buen ánimo, canto junto con la canción, aunque no sepa cantar muy bien, que digamos. Pero ¿a quién le molesta? Al contrario, hasta puedo hacer reír a alguien con eso.

Los animales son la mejor medicina. Tengo 5 gatos. Cada uno de los gatos tiene su propia personalidad.

Está el jefe de todos; la delicada, pequeña, cariñosa y amorosa; la que hace tonterías; el machista; el payaso.

Me encanta observarlos. Hasta ahora, nunca he visto un animal que me mienta. ¿Por qué habrían de hacerlo? Un animal te quiere, o no te quiere. Quiere ser acariciado por ti, o no quiere que lo hagas.

Yo he comenzado a ser así también, sincera ante mí misma y ante los demás. De demostrar mis sentimientos que experimento justo en el momento, y de pronunciar lo que pienso justo en ese momento.

Usted se podrá imaginar que con esa actitud lógicamente no me hacía meritoria de himnos de alabanza por doquier.

Pero se desarrolló una característica a partir de esto. Ya solo quedaba gente a mi alrededor que intentaba vivir de la misma manera. Con sinceridad ante mí y ellos mismos.

Mi vida se volvió más simple, más bonita, más feliz, más enriquecedora, más colorida, más intensa.

A los 30 conocí a mi actual esposo. Él tuvo suerte, pues me conoció para cuando ya yo había prácticamente completado mi transformación.

Bueno, si usted le preguntara, él le diría: - Yo hubiera preferido haberla conocido antes; entonces no sería tan sincera -, pero esa misma es la razón por la que nos encontramos.

Jamás hubiera podido imaginarme la dicha de tener una convivencia tal como me toca ahora.

Ambos hemos entendido que cada uno de nosotros tiene su propio camino. Que cada uno de nosotros es responsable de su propio trayecto, cómo lo diseña, cómo debe verse y cómo se siente al recorrerlo.

Nuestros caminos casi siempre van paralelos. A veces hay convexidades menores y a veces por poco se tocan. Es maravillosamente bello esto, y estoy agradecida por ello, día tras día.

Hemos comprendido que podemos aprender el uno del otro, que a veces podemos emular algo del camino del otro, probar cosas nuevas, nuevas ideas y mucho más.

Y me doy cuenta que es casi como aquella vez, cuando me veo sentada con mis audífonos en la ventana y observo a la gente a medida que salen del centro comercial.

Trabajamos cada día en nuestro camino, a veces juntos y a veces cada quien por su cuenta. Así aprendimos que podemos lograrlo todo, juntos, pero también cada cual para sí mismo.

Ahora tómese un momento, tiempo para usted misma. Comience ahora. Comience a diseñar su camino, de decorarlo con aquellas cosas que desea. De darle el color con el que usted se sienta bien.

Y si aquella vocecita pide palabra en sus adentros y llega a susurrarle:

- ¿Y por qué quieres cambiar algo, si DE POR SÍ, todo está bien como está? Y además, como quiera no sabes hacer eso... -

Recuérdelo:

"NO EXISTE NADA QUE USTED NO PUEDA LOGRAR"

Traducido por

Marc J. Christian

marcjci@yahoo.com

http://www.proz.com/translator/1237489